AF380994

L'ENNÉAGRAMME

Les 9 profils types et leurs limites

Par Valérie Debruche

50MINUTES.fr

L'ENNÉAGRAMME

- **Problématique ?** Qu'est-ce que l'ennéagramme et en quoi peut-il nous aider dans notre quête d'épanouissement personnel ?
- **Utilité ?** Cette méthode d'auto-analyse invite au développement personnel ciblé afin que nous trouvions la place qui nous convient, notamment dans le cadre professionnel.
- **Contexte professionnel ?** Ressources humaines, psychologie du travail, communication, management.
- **FAQ ?**
  - N'est-ce pas enfermer les gens dans des cases que d'utiliser l'ennéagramme pour analyser les personnalités ?
  - Est-ce que le fait de « relire » ma personnalité à la lumière de l'ennéagramme va véritablement me faire percevoir quelque chose que j'ignorais à mon sujet ?
  - Quel lien puis-je faire avec ma vie professionnelle ?
  - Peut-on définir le métier qui correspond le mieux à chaque type ?

- Est-ce que certains types peuvent résolument ne pas s'entendre ?
- Change-t-on de type avec le temps ?

Chercher sa voie, trouver sa place, s'épanouir au travail… Voilà des challenges auxquels sont inévitablement confrontés les individus impliqués dans une vie professionnelle active. Le succès de ces différentes phases dépend cependant d'une variable qu'il n'est pas toujours aisé de maîtriser : la connaissance de soi. C'est là qu'un outil comme l'ennéagramme peut s'avérer utile.

L'ennéagramme offre une méthode d'auto-analyse de la personnalité permettant de mieux se positionner au sein d'une organisation et d'obtenir de meilleurs résultats. Il interroge sur les points forts et les faiblesses de chacun, ainsi que sur la manière d'en tirer le meilleur parti. Il offre ainsi des pistes pour répondre à des questions telles que : « Comment parvenir à la réussite de manière épanouissante ? » ; « De quelle façon ma personnalité peut-elle se révéler dans tout son potentiel ? »

En effet, qui n'a pas remis en question, après quelques années de parcours professionnel, le bien-fondé d'un choix de carrière ? Qui n'a pas déjà eu le sentiment de fournir des efforts démesurés pour tenter d'évoluer, tant d'un point de vue personnel que professionnel ? Avec l'ennéagramme, chacun peut désormais procéder à une auto-évaluation, à une lecture de soi et ainsi obtenir des clés de maîtrise comportementale.

Tout en restant simple dans son application, la méthode peut cependant révéler des aspects complexes : elle ne se contente pas uniquement de catégoriser une personnalité en la plaçant dans une case, elle propose des solutions.

B.A.-BA DE L'ENNÉAGRAMME RÉVÉLATEUR

QU'EST-CE QU'UN ENNÉAGRAMME ?

Approche psychologique ayant traversé les âges depuis l'Antiquité, et entre autres réinterprétée par les communautés chrétienne et soufie, l'ennéagramme n'a longtemps été envisagé que dans un cadre religieux ou philosophique. Son utilisation contemporaine dans le secteur professionnel est le produit de sa réactualisation dans le domaine de la psychologie aux États-Unis à partir des années soixante-dix. Le retour à cette technique s'est notamment fait grâce au psychiatre chilien Claudio Naranjo (né en 1932), qui a longuement étudié la question et s'est penché sur la définition des neuf types de personnalités qui composent l'ennéagramme. Les décennies suivantes ont aussi vu l'usage de l'ennéagramme s'étendre aux domaines spirituel, commercial et éducationnel, et servir ces derniers avec la même efficacité. Parmi les principaux atouts de cette méthode révisée, les experts ont relevé trois aspects majeurs :

- il s'agit d'une méthode d'analyse totalement individuelle ;
- elle décrit les motivations plutôt que les comportements grâce à la prise en compte du fonctionnement synchronisé des trois cerveaux de l'être humain ;
- elle s'inscrit dans une vision dynamique puisque, plutôt que de se contenter de catégoriser, elle apporte des solutions durant l'analyse.

Les trois cerveaux

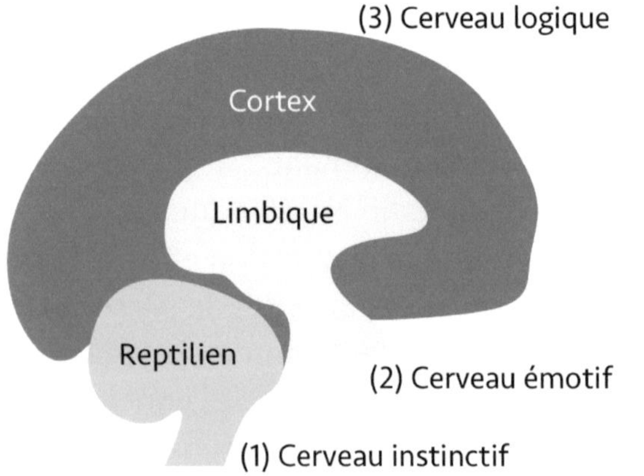

Étymologiquement, l'ennéagramme renvoie à une figure géométrique (du grec *gramma*, la « lettre » ou le « dessin ») à neuf côtés (du grec *ennea* signifiant « neuf ») et se donne comme objectif de classer dans une des neuf catégories qui le constituent la personnalité de celui qui se livre à ce type d'analyse. La figure de l'ennéagramme est dès lors un cercle dont l'arc comprend neuf points appelés les bases. Chaque base représente un « ennéatype » qui, dans le cadre de l'analyse de l'être humain, cible plusieurs traits de caractère prédominants liés aux motivations de la personne.

L'ennéagramme

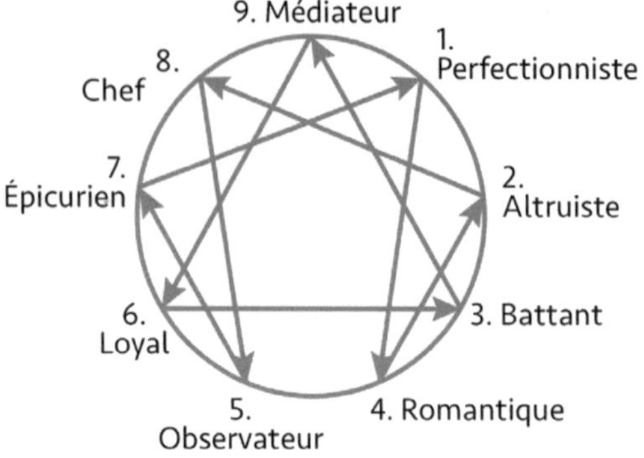

Quel que soit le milieu dans lequel une personne souhaite bénéficier de meilleures relations et d'un plus grand bien-être, l'ennéagramme peut intervenir. Cet outil est notamment adapté et reconnu dans le monde du travail. Aiguillant les restructurations organisationnelles et pièce maîtresse dans les formations, l'ennéagramme fait preuve d'une efficacité qui n'est plus à démontrer. Il permet dans ce domaine de découvrir ses aptitudes particulières et de deviner les moments où certaines faiblesses se feront ressentir, tout cela grâce à la reconnaissance de son « type ». L'intérêt principal de l'ennéagramme réside dans son approche dynamique, puisqu'il offre des grilles permettant d'anticiper ses propres réactions ainsi que celles des autres et, dès lors, de trouver une place plus adéquate dans une structure professionnelle. Pratiqué correctement et jusqu'au bout, il fera sentir ses conséquences sans nul doute bien au-delà des attentes personnelles.

Dans cette synthèse sur l'ennéagramme, il est question de se familiariser avec les concepts principaux de cette méthode. Sachant qu'une étude complète d'un individu par l'ennéagramme peut être plus ou moins longue selon le degré d'approfondissement souhaité, nous nous proposons ici de tenter de cerner votre ennéatype avec une méthode sans questionnaire. Lorsque vous serez parvenu à vous approcher d'un type (ou plusieurs)), les caractéristiques de chacun d'entre eux seront passées brièvement en revue.

L'ENNÉAGRAMME OU LA LIBERTÉ DE S'ANALYSER SOI-MÊME

Un outil individuel

Si l'ennéagramme est un outil si particulier, c'est parce qu'il intervient dans notre société comme un remède qu'il est possible de se prescrire à soi-même. Alors que les techniques de bien-être et les thérapies visant à la guérison de soi sont de plus en plus partie prenante de notre quotidien, l'ennéagramme vient compléter l'offre. Concrètement, les étapes de la pratique de l'ennéagramme sont les suivantes :

- prise de conscience et volonté de se connaître mieux (voilà une étape qui n'est pas à négliger dans le processus) ;
- découverte de son type et localisation de sa personnalité sur l'ennéagramme ;
- découverte des solutions proposées par l'ennéagramme et de la littérature associée pour gérer au mieux son type (enrayer les comportements qui causent du tort) ;

- application des enseignements de l'ennéagramme dans sa vie quotidienne et, bien sûr, dans son milieu de travail.

À chacune de ces diverses étapes, il est évident que les enseignements et apports de spécialistes du sujet interviennent. Mais l'essence même du processus n'est pas tronquée pour autant : c'est l'individu désireux de progresser qui est en son centre, de la première étape jusqu'à la dernière.

Claudio Naranjo déplore le fait que l'auto-analyse soit de plus en plus dénigrée dans notre société. En effet, les psychanalystes s'octroient le monopole du décryptage des personnalités et de l'accompagnement des individus vers un mieux-être. Naranjo qualifie cette attitude d'« indéfendable, à notre époque, où notre situation collective dépend tellement de la transformation humaine individuelle ». Il croit en effet que « nous ne pouvons pas nous permettre de laisser sommeiller le potentiel des gens et leur motivation à travailler sur eux-mêmes, dans la mesure où ils en sont capables » (NARANJO (Claudio), *Ennéagramme, caractère et névrose. Structure psychologique des ennéatypes : une vision intégrative*, Paris, InterEditions, 2012, p. 323).

L'ennéatype, une « base » comportementale

Il est aisé, pour certains, en parcourant simplement les descriptions des différentes bases de l'ennéagramme, de discerner son type principal. Selon que la connaissance de soi-même a déjà été amorcée, l'appartenance à tel ou tel type apparaît avec plus ou moins d'évidence. Cependant, cela n'est pas nécessairement un gage de vérité. La connaissance de soi reste une « science » difficile à appréhender, et il est recommandé de lire un maximum de l'abondante littérature existante sur le sujet avant de décréter qu'on appartient à tel ou tel type.

Dans un premier temps, nous vous proposons une tentative de définition qui apparaîtra plus ou moins simpliste, mais qui a l'avantage d'offrir un éclairage rapide de la personnalité de chacun sans trop s'étendre sur sa complexité. Si vous associer directement à une catégorie pour chacune des distinctions que vous découvrirez à la lecture de ce document vous paraît laborieux, prenez quelques jours, voire quelques semaines, pour procéder à une introspection : observez-vous et réfléchissez à vos réactions dans certaines situations particulières, à votre manière d'interagir avec les autres, à vos buts dans la vie, à vos priorités, etc. N'hésitez pas non plus à demander le concours de vos proches.

Sachez que vous pouvez également vous reporter à un test sous forme de questionnaire. Nous vous conseillons dans ce cas de choisir une méthode reconnue, et de le faire avec un expert psychologue, qui sera à même de vous assister dans l'interprétation des résultats.

Il faut également préciser que ce que nous tentons de définir ici est le type « de base ». En effet, chaque personnalité ne se résume pas seulement aux caractéristiques de son ennéatype : il est d'ailleurs courant de se reconnaître dans certains aspects de chaque type. Un type cependant devrait se démarquer par sa description plus fidèle à votre personnalité. Il s'agit donc votre type principal, « de base », dont chaque caractéristique ne s'applique pas à vous à chaque instant.

À côté de ce type dominant, l'ennéagramme lui associe une « aile » qui vient le compléter. Ainsi, chaque type est influencé par le précédent et le suivant, l'un plus que l'autre généralement. À un type 9 vient donc s'ajouter une aile dominante 8 ou 1.

L'aile

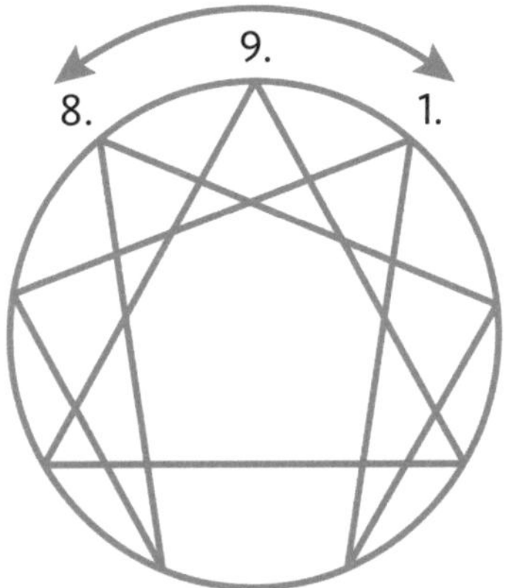

Enfin, la méthode inclut encore, dans son analyse de la personnalité, des « pôles », c'est-à-dire des directions d'intégration/de développement et de désintégration/de stress. En effet, si l'on se reporte au schéma, les flèches qui lient les différents types entre eux induisent également des penchants comportementaux. Chaque base est jointe à deux flèches dont l'une « arrive » et dont l'autre « part ». Il suffit dès lors d'observer d'où elles viennent et où elles vont : la première est issue d'un pôle dont l'individu se rapproche en situation de sécurité, alors que la seconde est la base dans laquelle il se réfugie en situation de stress ou de danger.

Ainsi, en situation de confort et donc de développement, un 6 jusqu'ici anxieux et suspicieux aura tendance à agir comme un 9 épanoui, c'est-à-dire comme quelqu'un de tolérant et de serein. Au contraire, un 6 fiable et stable soumis à une pression trop importante va avoir tendance à se comporter comme un 3 arrogant et méprisant envers les autres.

Les pôles

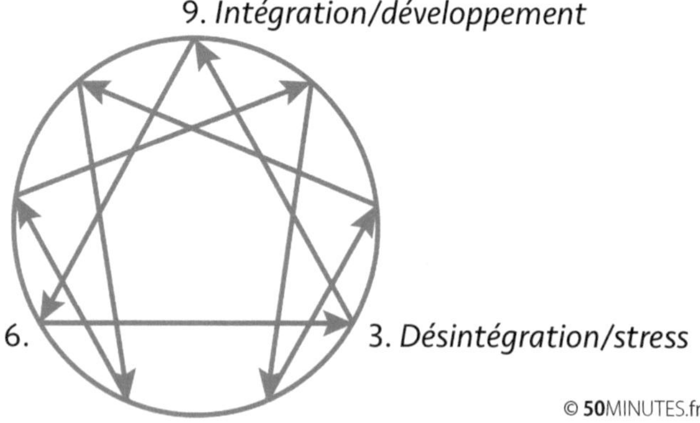

La méthode

Comment peut-on définir son type ? Pour parvenir à cerner son type, on peut avoir recours à diverses méthodes, la plus répandue d'entre elles étant le questionnaire. Cette technique peut être plus ou moins longue. Conçue la plupart du temps pour être réalisée par la personne concernée, elle peut aussi être assistée d'un ou plusieurs proches afin de garantir l'objectivité des réponses. En effet, être objectif par rapport à soi est un point essentiel de la pratique présentée ici : sans cela, la définition du type est faussée et le travail d'amélioration de soi ne se fait pas efficacement.

Dans ce guide, c'est par une démarche plus intuitive que nous souhaitons vous amener à cerner votre type (qu'il faudra inévitablement approfondir si vous désirez persévérer dans la démarche d'amélioration de soi et de facilitation des relations au travail). En effet, chacun des neuf types de l'ennéagramme peut être associé à des caractéristiques rangées dans trois catégories différentes relatives :

- au cerveau dominant ;
- à l'attitude face au monde ;
- à la source de la motivation.

En développant brièvement les caractéristiques de chacune de ces catégories dans le chapitre suivant, il devrait être possible de tenter ensuite un rapprochement avec un ou plusieurs types de l'ennéagramme. Il se peut que dans cette approche, quelque peu sommaire, vous ne retrouviez pas la combinaison que vous estimez correspondre à votre personnalité. C'est l'occasion de rappeler qu'il s'agit ici d'un « premier pas », permettant de dégager, sinon son type de personnalité dominant, au moins une première grande tendance de votre personnalité, qu'il vous faudra affiner par la suite avec un test complet destiné à déterminer votre ennéatype.

DÉCRYPTER SON TYPE

Pour chacune des trois catégories ci-dessous, tentez de voir, le plus objectivement possible, ce qui domine dans votre personnalité.

Quel est votre cerveau dominant ?

- **Cerveau reptilien**, à dominante « ventre » : guidé par l'instinct, ne s'accorde pas le temps de la réflexion, l'intuition est primordiale dans les choix, attiré par l'avantage matériel, tenté d'obtenir facilement le contrôle sur un groupe.
- **Cerveau limbique**, à dominante « cœur » : mené par ses émotions, imprégné de l'esprit de sacrifice, apprécie la reconnaissance qui est perçue comme trop rare et peu proportionnelle face aux efforts fournis, s'adapte au contexte et à autrui.
- **Néocortex**, à dominante « tête » : dirigé par son raisonnement, désir d'accumuler l'information, révèle très peu ses propres sentiments et émotions, n'agit jamais de façon impulsive, tend parfois à s'éloigner de la vie sociale.

Quelle est votre attitude face au monde ?

- **Hostile** : attitude combative face au reste du monde, sentiment d'être dans l'adversité et de devoir s'imposer de force.

- **Obligeante** : attitude conciliante à l'égard des demandes d'autrui, sentiment de devoir s'adapter.
- **Réticente** : attitude d'isolement face au monde, refus du défi et de l'assistance.

Quelle est la source de votre motivation ?

- **L'autoconsidération** : intérêt restreint pour autrui, estime excessive de soi-même.
- **L'opportunisme** : action orientée en fonction de l'opinion publique, effacement de soi pour agir selon les convenances.
- **La compétitivité** : attention portée sur l'extérieur et attitude de défi face à autrui.

Grâce au tableau récapitulatif qui suit et à la façon dont vous vous êtes identifié aux différentes catégories citées ci-dessus, il doit être possible à présent de déduire votre appartenance à un ennéatype :

Ennéa-type	Cerveau domi-nant	Attitude face au monde	Source de la motivation
1	Reptilien (ventre)	Hostile	Compétition
2	Limbique (cœur)	Obligeant	Auto-considération
3	Limbique (cœur)	Hostile	Opportunisme
4	Limbique (cœur)	Réticent	Compétition
5	Cortical (tête)	Réticent	Auto-considération
6	Cortical (tête)	Obligeant	Opportunisme
7	Cortical (tête)	Obligeant	Compétition
8	Reptilien (ventre)	Hostile	Auto-considération
9	Reptilien (ventre)	Réticent	Opportunisme

GESTION DES CONFLITS

Chaque type possède sa propre source de motivation, différente des autres : c'est de là que naissent les désaccords, les mésententes et les malentendus, notamment dans le monde du travail. Dans le cadre d'une application en entreprise, par exemple, comprendre ce qui nous anime personnellement et décrypter les motivations de ses collègues permet une meilleure appréhension des réactions de chacun. Nous sommes désormais à même de comprendre la position de l'autre, et désamorcer un conflit devient plus aisé.

LES NEUF TYPES DE L'ENNÉAGRAMME

Type 1 : perfectionniste, réformiste, idéaliste

Les individus de type 1 se caractérisent par leur droiture et leur exigence envers eux-mêmes. Ils puisent leur motivation dans la compétition avec les autres et avec eux-mêmes. Ils aiment être reconnus pour ce qu'ils font et, en l'absence de retour, ils refoulent leur colère en exprimant cependant une vive irritation sous forme de critiques.

Type 2 : altruiste, attentionné

Au centre des attitudes comportementales de ce type, on retrouve une série de traits de personnalité tournés vers les autres, tels que dévouement, générosité, soutien, écoute, etc. Le type 2 agit parfois aux dépens de ses propres besoins, ce qui cache en réalité une certaine forme d'orgueil : il est principalement guidé par sa haute estime de soi, qu'il alimente via ses actions altruistes.

Type 3 : battant, efficace

Ce type vise la réussite et attend d'être reconnu pour ses succès : c'est cette volonté de reconnaissance par l'opinion publique qui le pousse dans ses actions. Les défis et le pragmatisme font partie de son quotidien, ce qui l'amène, pour le meilleur, à être compétent, adaptable et toujours désireux de s'améliorer. À l'inverse, s'il se laisse aller, le 3 est parfois tenté de recourir au mensonge et à la tromperie pour parvenir à ses fins.

Type 4 : romantique, sensible, individualiste

Originalité et distinction sont les deux traits auxquels aspire le 4 : il veut avant tout se démarquer des autres. Guidé par ses envies et ses passions, il est indéniablement le romantique sur le cercle de l'ennéagramme. Créatif et imaginatif, il se laisse parfois dépasser par son inaptitude à contrôler ses sentiments.

Type 5 : observateur, curieux, perceptif, visionnaire

Ceux qui appartiennent à ce type aiment être reconnus pour leur savoir, leur sens aigu de l'observation et leur capacité à trouver des solutions innovantes. S'il se sent en situation inconfortable, le 5 tend à se mettre en retrait et à observer uniquement, faisant preuve d'un détachement qui peut même aller jusqu'au cynisme et à l'avarice.

Type 6 : loyaliste, responsable, intègre

Résolument droite, la personnalité de type 6 refuse de se laisser influencer par une quelconque déviance afin de toujours rester en possession de ses moyens et de veiller. Épanoui, il développe ses relations et crée des alliances durables avec les autres, générant stabilité et sécurité autour de lui. Sous pression, le doute, la crainte et la suspicion font partie de son quotidien. Il devient conspirateur, et communique son anxiété et ses soupçons à son entourage.

Type 7 : épicurien, enthousiaste, spontané

À travers sa joie de vivre et son positivisme constants, le 7 trouve un moyen d'épanouissement dans l'innovation et la planification de mille activités inattendues, poussant parfois le jeu jusqu'à se disperser sans résultats productifs et ignorer sa propre souffrance.

Type 8 : dominateur, meneur

Force et combativité sont les attitudes caractérisant cet avant-dernier type de l'ennéagramme. À la fois guidé par son instinct et son désir de rester aux commandes, le 8 épanoui est un chef naturel et admiré. Parfois trop imbu de lui-même, il en vient à des extrêmes tels que la mégalomanie, la vengeance ou le déni d'une réalité non conforme à sa volonté.

Type 9 : médiateur, pacificateur, non conformiste, tolérant

Afin de préserver son désir de paix et de sérénité, le 9 est le conciliateur qui vient terminer le cycle de l'ennéagramme. Apte à communiquer, facile à vivre et optimiste, il privilégie la participation et les désirs de l'autre, parfois en s'effaçant. Son intention si vive d'éviter le conflit peut le pousser, dans le prolongement du 8, à nier la réalité, parfois de façon radicale avec des « anesthésiants » addictifs.

NÉVROSÉ, MOI ?

Chaque base est « bonne » et « mauvaise » à la fois. Aussi ne faut-il pas s'effrayer à la découverte de son type en se voyant qualifié de « névrosé », de « pervers », de « paresseux », de « faux altruiste », etc. En effet, c'est bien là que l'ennéagramme révèle sa puissance : il met à jour les aspects les moins reluisants d'une personnalité, quitte à déplaire fortement. Se découvrir via cette démarche implique de devoir faire face aux

déviances de nos comportements afin de les corriger. Car sur le long terme, c'est la « guérison »
qui prime : c'est vers une atténuation, voire une
éradication des aspects déplaisants que tend
cette autothérapie.

> **Gérer le résultat – Le cas d'Emeline**
> Emeline découvre qu'elle est du type 2. Elle
> appartient donc à la catégorie des altruistes,
> mais aussi à la catégorie associée à l'orgueil.
> Pourtant, Emeline ne s'est jamais considérée
> comme orgueilleuse et cette nouvelle l'affecte
> énormément. Percevoir dans son comportement
> des actions intéressées lui déplaît et elle ne s'y
> reconnaît pas. En creusant un peu plus loin, elle
> découvre que son souci des autres et cet orgueil
> sont les deux facettes d'un même trait de carac
> tère : elle a en fait besoin d'être reconnue dans
> son travail et dans son comportement, et aimée
> en retour. Parfois donc, elle a tendance à mul
> tiplier ses personnalités afin de s'adapter pour
> plaire aux autres à tout prix. Emeline repense à
> des situations de la vie quotidienne et tout lui
> paraît soudain plus clair à la lumière de cette
> analyse « abrupte » : tout doucement, cela lui
> permet d'accepter cet aspect névrotique de son
> comportement qui lui porte préjudice.

Ainsi, les caractéristiques de chaque type brièvement exposées ci-dessus se rapportent à la fois aux qualités et aux défauts : personne n'est parfait et aucun ennéatype n'est mieux qu'un autre. Chacun des neuf types, s'il est totalement épanoui, sera une personne merveilleuse, tandis que leur côté pathologique peut donner quelqu'un de dangereux, d'autodestructeur, d'égoïste, etc.

Il est bon également de rappeler que ces catégories ne sont pas figées : nos pensées et nos comportements fluctuent en fonction des situations que nous traversons. Nous naviguons donc entre les différents traits caractéristiques d'un type de personnalité, entre ses côtés positifs et négatifs, tout en essayant au maximum de tirer la couverture du côté positif.

TOP CONSEILS

- Entamer la démarche avec confiance et avec une réelle volonté d'augmenter son bien-être. Pour cela, il ne faut pas douter d'un processus qui a fait ses preuves et, surtout, ne pas douter de soi et de sa propre capacité à s'améliorer.
- Rester objectif. Pour faire d'un exercice comme l'ennéagramme une pratique efficace, il est essentiel de « s'aborder » objectivement. C'est en effet déjà un grand pas lorsqu'une personne est capable de prendre du recul par rapport à elle-même et de s'observer.
- Faire appel à ses proches. Le conseil précédent n'est pas toujours des plus faciles à mettre en place. Dès lors, mettre votre entourage à contribution peut s'avérer très productif.
- Ne pas s'effrayer face aux résultats ! Il est en effet courant que les résultats de l'ennéagramme cachent derrière une première phrase laudative une explication peu reluisante du comportement. C'est un moment clé du processus, dans le sens où il provoque un certain choc chez le participant. Il est évident

que cette étape charnière de l'ennéagramme peut rebuter celui qui s'est prêté au jeu, mais c'est à partir de là que le travail s'enclenche véritablement.

- S'octroyer un moment pour accepter et essayer de lire les événements passés de nos vies à la lumière de cette analyse. Un processus visant à une meilleure connaissance de soi ne doit pas se concevoir comme un but à atteindre le plus vite possible. Comme dans beaucoup de situations, le chemin à parcourir est aussi un enrichissement. Si le résultat des tests a été perturbant, faire une pause afin de laisser mûrir l'idée ne peut être que bénéfique pour mieux s'engager dans la suite du travail.
- Réfléchir à ce que pourrait signifier une « évolution bénéfique » de son comportement type.
- Prendre connaissance de l'analyse complète de son ennéatype : la base, l'aile dominante, et les directions d'intégration et de désintégration. C'est le moment de tenter de cerner si, dans l'évolution de chacun, la tendance à se rapprocher d'un autre comportement est déjà présente.
- Réfléchir concrètement à l'application quotidienne d'une amélioration comportementale.

Se souvenir d'événements passés de sa vie et les rejouer mentalement avec une nouvelle approche éliminant les comportements compulsifs de son type. L'idée est de se programmer mentalement à réagir différemment.

- S'ouvrir à d'autres thérapies permettant de venir à bout des problèmes ciblés par soi-même et donc poursuivre efficacement l'ennéagramme par un système reposant sur soi et sa propre volonté.

- Utiliser le savoir acquis pour comprendre l'autre. En effet, la perception de l'existence des diverses motivations de chaque individu est un des apports majeurs de la pratique de l'ennéagramme. C'est l'occasion de « grandir » en devenant plus compréhensif et plus tolérant par rapport aux comportements d'autrui.

FAQ

N'EST-CE PAS ENFERMER LES GENS DANS DES CASES QUE D'UTILISER L'ENNÉAGRAMME POUR ANALYSER LES PERSONNALITÉS ?

L'objectif de l'ennéagramme est au contraire de nous libérer de nos carcans et de nous révéler à nous-mêmes. Comprendre à quel ennéatype on appartient, c'est prendre conscience de son mode de pensée et de ses comportements habituels. Suivant notre caractère, mais également au travers de notre éducation et de nos expériences de vie, nous avons en effet développé une manière d'être au monde dont nous n'avons pas toujours conscience. Celle-ci peut parfois s'avérer contraignante, et il est généralement difficile de sortir des automatismes de longue date. L'ennéagramme, en les pointant du doigt, nous permet de les contourner et nous montre la direction à suivre pour tendre vers plus de liberté.

EST-CE QUE LE FAIT DE « RELIRE » MA PERSONNALITÉ À LA LUMIÈRE DE L'ENNÉAGRAMME VA VÉRITABLEMENT ME FAIRE PERCEVOIR QUELQUE CHOSE QUE J'IGNORAIS À MON SUJET ?

Oui, l'analyse de l'ennéagramme dévoile certaines vérités sur soi-même, bien que cela puisse paraître étonnant.

En effet, les qualités ou les défauts que chacun se connaît peuvent très souvent être rassemblés en un conglomérat qui se rattache en fait à une nature comportementale liée à certaines motivations (un ennéatype), dont les traits de caractère connus ne sont que des facettes. Une fois cette nature mise en lumière, la construction de l'ennéagramme permet de dégager des solutions : en plus des bases représentant chaque type, l'ennéagramme contient également les ailes et les pôles inscrits dans son cercle.

Les ailes sont les deux bases entourant celle à laquelle un individu appartient et dont il a hérité certaines tendances – de l'une plus que de l'autre généralement. L'observation des caractéristiques des ailes ou de l'aile principale constitue donc une première approche de pistes d'évolution comportementale.

Ensuite, la figure comprend des concordances de flèches aboutissant aux deux pôles de l'ennéatype considéré : ils représentent les caractéristiques de personnalité vers lesquelles tend un individu en situation de confort ou, au contraire, de forte pression.

> **(Suite de l'analyse du cas d'Emeline)** Parmi, les excès de l'ennéatype 2 auquel appartient Emeline, il y a cette propension à vouloir toujours s'adapter à son interlocuteur pour être sûre de plaire et d'être aimée en retour. Cela passe entre autres par le fait de dire « oui » compulsivement alors qu'Emeline n'est pas particulièrement d'accord. Dorénavant, elle sait donc qu'elle a intérêt à se rapprocher du pôle 8 et à apprendre à dire « non ».

L'ennéagramme propose donc de multiples pistes de réflexion sur soi et ses comportements, permettant par là d'appréhender la personnalité d'une personne dans toute sa complexité.

QUEL LIEN PUIS-JE FAIRE AVEC MA VIE PROFESSIONNELLE ?

Prenons des situations liées au domaine professionnel et dans lesquelles la personnalité individuelle joue un rôle primordial et voyons de quelles façons l'ennéagramme peut s'appliquer.

- **Le recrutement :** moment clé dans la définition des potentiels personnels, celui-ci sera dorénavant facilité lorsque le possible futur employeur posera la fameuse question : « Quelles sont vos plus grandes qualités et quels sont vos plus grands défauts ? » Vous pourrez désormais répondre avec acuité et vous démarquer, en donnant clairement l'impression que vous êtes maître de votre personnalité et que l'utilisation de chaque point fort ou faible est maximisée.
- **Le désaccord :** qu'il naisse d'un malentendu ou d'une confrontation inévitable, un désaccord peut souvent être source de frustration et donc générer des inconvénients professionnels. Dans ce cas, se comprendre soi-même, mettre le doigt sur ce qui nous pose problème et sur les raisons pour lesquelles la situation nous

met dans une position inconfortable sont des données primordiales très souvent négligées. L'ennéagramme nous rappelle l'importance que peut jouer notre propre perception des choses dans une situation de conflit et nous amener à agir sur celle-ci en agissant avant tout sur nous-mêmes.

- **L'optimisation du travail en équipe :** connaître les raisons qui poussent untel à agir d'une certaine façon et pas d'une autre, voilà qui peut devenir un puissant levier dans l'optimisation des relations d'équipe. Si chaque ennéatype est caractérisé par son approche des événements, cela devient alors une grande richesse d'être averti des divers modes de fonctionnement des personnes impliquées dans un projet.

PEUT-ON DÉFINIR LE MÉTIER QUI CORRESPOND LE MIEUX À CHAQUE TYPE ?

Non, bien évidemment ; loin de nous l'idée de faire du déterminisme. En revanche, comme l'ennéagramme base son analyse sur les motivations des individus, connaître son ennéatype, son aile principale et ses pôles d'intégration et de désintégration – et donc les motivations qui leur sont liées – permet de dégager des pistes quant au genre de fonction qui pourrait à priori nous plaire. Mais attention à ne pas trop faire reposer son choix sur cette approche, qui doit rester un outil, non un diktat.

L'ennéatype décrit surtout, si l'on considère un poste en particulier, les atouts que nous possédons pour cette fonction, ainsi que les points qui risquent de poser des difficultés.

EST-CE QUE CERTAINS TYPES PEUVENT RÉSOLUMENT NE PAS S'ENTENDRE ?

Comme dit précédemment, l'ennéagramme invite à ne pas se voiler la face devant certaines réalités : nous sommes tous différents et, par conséquent, dans la réalisation d'une tâche, les manières d'agir diffèrent, car les motivations et les mécanismes de raisonnement de chacun ne sont pas identiques. Être averti de la façon dont pense son voisin est donc primordial dans l'avancement efficace d'une réalisation.

L'ennéagramme facilite ainsi le fonctionnement d'une entreprise ou d'une équipe.

Tous les ennéatypes sont dès lors disposés à s'entendre sous cette condition : chacun doit être averti du fonctionnement du raisonnement et des motivations de ceux qu'il côtoie. Renforcée par cette connaissance, la négociation devient alors plus aisée. La technique de l'ennéagramme pratiquée en entreprise permet de comprendre la pensée de l'autre. Chaque type manifeste des attentes particulières qui sont le miroir de ses motivations, et lorsque celles-ci sont contrariées, cela engendre inévitablement des frustrations, des malentendus et des conflits.

CHANGE-T-ON DE TYPE AVEC LE TEMPS ?

À priori, l'ennéatype auquel on appartient enfant reste prédominant tout au long de la vie. Il reste notre type de base, celui qui explique le mieux notre personnalité ; on n'en change pas. Cependant, cette dernière se complexifiant avec les années, il se peut que l'on s'éloigne de certaines caractéristiques de son type premier pour en emprunter à d'autres. L'objectif de l'ennéagramme est d'ailleurs bien celui-là : se connaître pour exploiter au mieux ses qualités et pour lutter contre ses défauts en allant puiser dans les qualités des autres types.

L'approche préconisée par l'ennéagramme tient compte de cette évolution de la personnalité, en intégrant dans son schéma les ailes ainsi que les pôles de développement et de stress. Ceux-ci viennent compléter l'ennéatype de base afin de mieux expliquer la richesse de la personnalité.

À VOUS DE JOUER !

Grâce à cette brève initiation à l'ennéagramme, vous avez sûrement déjà perçu la justesse de la technique et surtout ses effets multiplicateurs : en effet, au-delà de la catégorisation comportementale associée à la base, les ailes et les pôles, la méthode contient également des pistes pour l'amélioration de soi-même.

> « Avant tout, j'aimerais insister sur l'importance de cet aspect du "travail sur soi" qui consiste à reconnaître la vérité sur soi-même et sur sa vie, malgré le mal-être ou la douleur que cela peut engendrer, en d'autres termes : la confession intime. [...] En réalité, la vérité sur nous-mêmes peut nous libérer parce qu'une fois que nous aurons vraiment compris quelque chose sur nous-mêmes, cela nous changera tout seul, sans notre intention de le changer. » (NARANJO (Claudio), *Op. cit.*, p. 325)

Vous avez désormais identifié votre ennéatype, ou en tout cas repéré de quels types vous vous rapprochez le plus. Les cartes sont à présent entre vos mains, puisqu'en ayant simplement entrepris le processus de connaissance, vous avez déjà commencé à changer.

Cependant, le besoin d'approfondir ce savoir et de découvrir d'autres techniques pour vous accompagner sur ce parcours peut apparaître, et il est alors possible de se tourner vers des pratiques telles que la PNL ou l'EFT par exemple. En effet, la combinaison avec ces techniques permet de décupler la puissance de l'ennéagramme.

- La PNL (« programmation neurolinguistique ») est une méthode psychothérapeutique résolument moderne qui, tout comme l'ennéagramme, a déjà amplement fait ses preuves dans le monde du travail. Celle-ci est vouée à l'observation de la façon propre à chacun de percevoir le réel. Par le rapprochement entre le comportement et le système sensoriel dominant, la PNL permet d'inciter le participant à consciemment privilégier un système autre que celui de ses habitudes, de ses *patterns* selon le terme consacré par la discipline. Dès lors, chaque ennéatype ayant son propre correspondant dans la PNL, joindre ces deux types de connaissances ne peut que donner encore plus de profondeur à la connaissance de soi.

- Une autre voie d'approfondissement peut-être celle proposée par l'EFT (*Emotional Freedom Technique* ou « technique de libération émotionnelle »). Il s'agit d'une technique de tapping, c'est-à-dire des tapotements ciblés sur certains points méridiens du corps de façon à éliminer les émotions négatives créées par certains événements sachant que ceci comprend également les blocages qui nous empêchent d'évoluer vers un mieux-être comportemental.

Ces trois techniques se rejoignent sans aucun doute dans leurs principes fondamentaux. Toutes affirment en effet que chacun dispose des ressources nécessaires pour contribuer à son amélioration. Avec comme point de départ la découverte par l'ennéagramme, chacun est en mesure de reconnaître sa propre valeur et d'enrichir la composante humaine des milieux dans lesquels il évolue.

Votre avis nous intéresse !
Laissez un commentaire sur le site de votre
librairie en ligne et partagez vos coups de cœur sur
les réseaux sociaux !

POUR ALLER PLUS LOIN

SOURCES BIBLIOGRAPHIQUES

- LAPID-BOGDA (Ginger), *L'ennéagramme. Se connaître pour réussir*, Issy-les-Moulineaux, ESF Éditeur, 2007.

- NARANJO (Claudio), *Ennéagramme, caractère et névrose. Structure psychologique des ennéatypes : une vision intégrative*, Paris, InterEditions, 2012.

- ROGNONI (Andrea), *L'ennéagramme. Nouvelle méthode d'analyse psychologique*, Paris, Éditions de Vecchi, 1997.

SOURCES COMPLÉMENTAIRES

- MALLET (Norbert), *Devenir soi-même avec l'ennéagramme*, Paris, Salvator, 2013.

- PALMER (Helen), *L'ennéagramme : pour mieux se connaître et comprendre les autres*, Genève, Vivez soleil, 2003.

- RISO (Don Richard) et HUDSON (Russ), *Personality Types: Using the Enneagram for Self-Discovery* (Revised edition), New York, Houghton Mifflin Harcourt, 1996.

- RISO (Don Richard) et HUDSON (Russ), *Understanding the Enneagram: The Practical Guide to Personality Types* (Revised edition), New York, Houghton Mifflin Harcourt, 2000.

www.50minutes.fr

ISBN ebook : 978-2-8062-6926-3
ISBN papier : 978-2-8062-6927-0
Dépôt legal : D/2015/12603/401
Photo de couverture : © Primento

Conception numérique : Primento,
le partenaire numérique des éditeurs